São Judas Tadeu

Elam de Almeida Pimentel

São Judas Tadeu
Santo das causas impossíveis

Novena e ladainha

Petrópolis

© 2017, Editora Vozes Ltda.
Rua Frei Luís, 100
25689-900 Petrópolis, RJ
www.vozes.com.br
Brasil

Todos os direitos reservados. Nenhuma parte desta obra poderá ser reproduzida ou transmitida por qualquer forma e/ou quaisquer meios (eletrônico ou mecânico, incluindo fotocópia e gravação) ou arquivada em qualquer sistema ou banco de dados sem permissão escrita da editora.

CONSELHO EDITORIAL

Diretor
Gilberto Gonçalves Garcia

Editores
Aline dos Santos Carneiro
Edrian Josué Pasini
Marilac Loraine Oleniki
Welder Lancieri Marchini

Conselheiros
Francisco Morás
Ludovico Garmus
Teobaldo Heidemann
Volney J. Berkenbrock

Secretário executivo
João Batista Kreuch

Editoração: Fernando Sergio Olivetti da Rocha
Diagramação: Sheilandre Desenv. Gráfico
Revisão gráfica: Nilton Braz da Rocha
Arte-finalização de capa: Editora Vozes

ISBN 978-85-326-5541-7

Editado conforme o novo acordo ortográfico.

Este livro foi composto e impresso pela Editora Vozes Ltda.

Sumário

1 Apresentação, 7
2 Histórico da vida de São Judas Tadeu, 9
3 Novena de São Judas Tadeu, 11
   1º dia, 11
   2º dia, 12
   3º dia, 14
   4º dia, 15
   5º dia, 16
   6º dia, 18
   7º dia, 19
   8º dia, 20
   9º dia, 22
4 Orações a São Judas Tadeu, 25
5 Ladainha de São Judas Tadeu, 29

1

Apresentação

São Judas Tadeu é o santo invocado nos casos de desespero, das causas impossíveis e até mesmo dos negócios sem solução. Era um dos 12 apóstolos e primo de Jesus. Sua mãe era uma das mulheres que estavam com Maria ao pé da cruz de Jesus. Além de acompanhar todos os ensinamentos de Jesus, Judas Tadeu recebeu, junto com os outros apóstolos, o domínio dos idiomas por meio do Espírito Santo e o dom de curar doenças.

Este livrinho contém a vida de São Judas Tadeu, sua novena, orações e ladainha, além de algumas passagens da Bíblia, seguidas de uma oração para o pedido da graça especial, acompanhada de um Pai-nosso, uma Ave-Maria e um Glória-ao-Pai.

Histórico da vida de São Judas Tadeu

Entre os discípulos de Jesus, havia dois com o mesmo nome: Judas. Segundo a tradição, para evitar a confusão com Judas Iscariotes, o traidor de Jesus, o outro Judas talvez tenha recebido o apelido de Tadeu, que significa misericordioso. Também era conhecido como o "Judas de Tiago", em referência a seu irmão Tiago, também discípulo de Jesus.

Natural da Galileia, Judas Tadeu é considerado primo de Jesus devido ao parentesco entre seus pais. Era filho de Alfeu, irmão de José, e sua mãe, Maria Cleofas, supõe-se que fosse prima de Maria. Era irmão de Tiago e Simão, ambos apóstolos de Jesus.

Escolhido para difundir os ensinamentos de Jesus nos reinos do Oriente, o apóstolo enfrentou fome, sede, cansaço. Ao chegar a

Suemir, um dos maiores centros de idolatria da Babilônia, foi preso e julgado junto com o Apóstolo Simão, seu companheiro de jornada. Enquanto se decidia sobre qual seria sua pena de morte, os apóstolos receberam de um anjo esta mensagem: "Escolham, de duas coisas, uma. Ou que essa gente morra imediatamente ou que aconteça o martírio de vocês". Eles preferiram ser trucidados por golpes de lanças e machados, desde que os habitantes posteriormente se convertessem ao cristianismo. E assim, no ano 70, foram martirizados de modo cruel, violento, morrendo na defesa do cristianismo.

São Judas Tadeu é representado em sua imagem segurando um livro, simbolizando a palavra que anunciou e uma machadinha, o instrumento de seu martírio. No século XIV, Jesus recomendou, segundo a tradição, a Santa Brígida, princesa sueca, depois freira, que divulgasse a devoção a São Judas Tadeu e que ele fosse invocado nos casos de desespero e nos momentos de angústia.

É padroeiro dos funcionários públicos e é celebrado no dia 28 de outubro.

Novena de São Judas Tadeu

1º dia

Iniciemos com fé este primeiro dia de nossa novena, invocando a presença da Santíssima Trindade: em nome do Pai e do Filho e do Espírito Santo. Amém.

Leitura bíblica: Jd, v. 3

> Caríssimos, enquanto estava empenhado em escrever-vos acerca da nossa comum salvação, senti a necessidade de fazê-lo exortando-vos a lutar pela fé que, uma vez para sempre, foi dada aos santos.

Reflexão

A fé em Deus, a fé na intercessão dos santos é um dos fundamentos da vida cristã. Antes de qualquer problema, nós, cristãos, devemos orar com fervor, não perdendo as esperanças. Peçamos a São Judas Tadeu que nos auxilie a estar sempre no caminho de Deus, seguindo os ensinamentos do Evangelho.

Oração

Glorioso São Judas Tadeu, peço-vos que me ajudeis a colocar em prática, cada vez mais, os ensinamentos do Evangelho. Por vossa intercessão junto a Deus, Pai todo poderoso, rego-vos que me alcance a graça de que tanto necessito... (peça a graça a ser alcançada).

Pai-nosso.
Ave-Maria.
Glória-ao-Pai.
São Judas Tadeu, intercedei por nós.

2º dia

Iniciemos com fé este segundo dia de nossa novena, invocando a presença da Santíssima Trindade: em nome do Pai e do Filho e do Espírito Santo. Amém.

Leitura bíblica: Jd, v. 20, 21

> Vós, porém, caríssimos, edificados sobre vossa santíssima fé, orai no Espírito Santo e conservai-vos no amor a Deus, esperando a misericórdia de Nosso Senhor Jesus Cristo para a vida eterna.

Reflexão

Nós, cristãos, devemos sempre ser fiéis ao Evangelho de Jesus, despertando a esperança e acendendo a fé a todos, aprendendo a viver de maneira solidária com nossos semelhantes e sendo um bom exemplo de cristão, assim como São Judas Tadeu.

Oração

São Judas Tadeu, vós que amparastes as pessoas aflitas, vinde em meu auxílio, intercedei por mim junto ao Pai todo poderoso, para o alcance da graça de que muito necessito... (pede-se a graça a ser alcançada).

Pai-nosso.

Ave-Maria.

Glória-ao-Pai.

São Judas Tadeu, intercedei por nós.

3º dia

Iniciemos com fé este terceiro dia de nossa novena, invocando a presença da Santíssima Trindade: em nome do Pai e do Filho e do Espírito Santo. Amém.

Leitura bíblica: Jd, v. 1, 2

> Judas, servo de Jesus Cristo, irmão de Tiago, aos eleitos amados em Deus Pai e guardados por Jesus Cristo: a misericórdia, a paz e o amor vos sejam dados em abundância.

Reflexão

Este texto bíblico nos leva a pensar nas oportunidades que diariamente temos para servir e amar nossos semelhantes e, às vezes, nem percebemos o sofrimento dessas pessoas. Ajudando e amando nossos semelhantes, estamos seguindo os ensinamentos de Jesus e poderemos encontrar a paz, a confiança em Deus.

Oração

São Judas Tadeu, ajudai-nos em cada dia a refletir sobre o grande amor de Deus a todos nós e ajudai-nos no alcance da graça de que necessitamos... (peça a graça a ser alcançada).

Pai-nosso.
Ave-Maria.
Glória-ao-Pai.
São Judas Tadeu, intercedei por nós.

4º dia

Iniciemos com fé este quarto dia de nossa novena, invocando a presença da Santíssima Trindade: em nome do Pai e do Filho e do Espírito Santo. Amém.

Leitura bíblica: Jd, v. 24, 25

> Àquele que pode preservar-vos da queda e apresentar-vos irrepreensíveis e com alegria perante a sua glória, ao único Deus, nosso Salvador, por Jesus Cristo nosso Senhor, seja a glória, a majestade, o domínio e o

poder, desde antes de todo tempo e agora por todos os séculos. Amém.

Reflexão

Neste versículo, o Apóstolo Judas Tadeu mostra a soberania de Deus, nosso Salvador. Ele é o Pai todo poderoso de todos nós.

Oração

Glorioso São Judas Tadeu, ajudai-me a despertar nas pessoas o amor de Deus e a propagá-lo. Suplico que intercedais junto a Ele para o alcance da graça de que tanto necessito... (peça a graça a ser alcançada).

Pai-nosso.

Ave-Maria.

Glória-ao-Pai.

São Judas Tadeu, intercedei por nós.

5º dia

Iniciemos com fé este quinto dia de nossa novena, invocando a presença da Santíssima Trindade: em nome do Pai e do Filho e do Espírito Santo. Amém.

Leitura bíblica: Is 40,31

[...] mas os que esperam no Senhor renovam suas forças, voam nas alturas como as águias, correm e não se fatigam, caminham e não se cansam.

Reflexão

O profeta lembra nesta passagem bíblica a grandeza de Deus, sua sabedoria, seu poder e domínio sobre a natureza e sobre nós, seres humanos. Nada é impossível para Deus.

Oração

São Judas Tadeu, tu, que foste corajoso em viver como cristão, alcança-nos de Deus a graça de uma grande fé e intercede por nós para que alcancemos a graça... (pede-se a graça a ser alcançada).

Pai-nosso.

Ave-Maria.

Glória-ao-Pai.

São Judas Tadeu, intercedei por nós.

6º dia

Iniciemos com fé este sexto dia de nossa novena, invocando a presença da Santíssima Trindade: em nome do Pai e do Filho e do Espírito Santo. Amém.

Leitura bíblica: Sl 56,4-5

> No dia em que tenho medo, confiante a ti me dirijo. Em Deus, cuja palavra eu louvo, em Deus eu confio e nada temo: O que poderá um mortal fazer contra mim?

Reflexão

O salmista apresenta uma declaração de confiança a Deus. Devemos nos refugiar em Deus, na certeza de que Ele é o escudo que nos protege.

Oração

Glorioso São Judas Tadeu, ajudai-nos a lembrar que Deus está sempre presente em nossa vida. E, neste momento difícil de minha vida, a vós suplico... (diga o problema que está enfrentando e peça a graça a ser alcançada).

Pai-nosso.

Ave-Maria.

Glória-ao-Pai.

São Judas Tadeu, intercedei por nós.

7º dia

Iniciemos com fé este sétimo dia de nossa novena, invocando a presença da Santíssima Trindade: em nome do Pai e do Filho e do Espírito Santo. Amém.

Leitura bíblica: Sl 62,6-9

> Só em Deus minha alma está tranquila, pois dele vem minha esperança! Só Ele é minha rocha e minha salvação, minha fortaleza: jamais serei abalado. Minha salvação e minha glória estão junto de Deus; a rocha de minha defesa, meu refúgio, tenho em Deus. Ó povo, confiai nele em todo o tempo, desafogai diante dele vosso coração! Deus é para nós um refúgio.

Reflexão

O salmista mostra a confiança na proteção divina, na bondade e no amor de Deus por nós. Nossa vida está em Deus, pois Ele é o alívio para nossas preocupações e angústias. Entreguemos nossa vida a Ele.

Oração

São Judas Tadeu, dai-me fé e paciência para esperar as respostas aos meus pedidos. Ajudai-me a alcançar a graça de que tanto necessito... (peça a graça desejada).

Pai-nosso.
Ave-Maria.
Glória-ao-Pai.
São Judas Tadeu, intercedei por nós.

8º dia

Iniciemos com fé este oitavo dia de nossa novena, invocando a presença da Santíssima Trindade: em nome do Pai e do Filho e do Espírito Santo. Amém.

Leitura bíblica: 1Cor 13,13
> No presente permanecem estas três coisas: fé, esperança e amor, mas a maior delas é o amor.

Reflexão
Às vezes, com as dificuldades diárias, nossa fé fica abalada e duvidamos das palavras de Jesus. Acreditar que para Deus nada é impossível pode ser a nossa única esperança. Ter fé é nos manter ligados a Deus, é ter esperança nele, é amá-lo, bem como a cada ser humano.

Oração
São Judas Tadeu, fortalecei nossa fé e ensinai-nos a persistir na esperança e em amar a Deus e a nossos semelhantes. Alcançai-me a graça de que tanto necessito... (peça a graça a ser alcançada).

Pai-nosso.

Ave-Maria.

Glória-ao-Pai.

São Judas Tadeu, intercedei por nós.

9º dia

Iniciemos com fé este nono dia de nossa novena, invocando a presença da Santíssima Trindade: em nome do Pai e do Filho e do Espírito Santo. Amém.

Leitura do Evangelho: Lc 11,28

Mas Jesus respondeu: "mais felizes são os que ouvem a Palavra de Deus e a põem em prática".

Reflexão

O Evangelista Lucas, nesta passagem, ao escutar um elogio a Maria, sua mãe, aproveita para dizer que a grandeza de Maria está na fé em Deus e não na sua maternidade carnal e também por colocar em prática a Palavra de Deus. Vamos pedir a São Judas Tadeu que nos ajude a praticar as palavras de Jesus.

Oração

Poderoso São Judas Tadeu, iluminai-nos para reconhecer o grande amor de Deus por nós e ajudai-nos a ter fé em todas as ocasiões, colocando também em prática os ensinamentos de Jesus. Socorrei-me nesta fase difícil de minha vida, alcançando-me a graça que a vós suplico... (peça a graça a ser alcançada).

Pai-nosso.

Ave-Maria.

Glória-ao-Pai.

São Judas Tadeu, intercedei por nós.

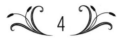

Orações a São Judas Tadeu

1 Para solucionar casos complicados

"São Judas, glorioso apóstolo, fiel servo e amigo de Jesus, o nome do traidor foi causa de que fôsseis esquecido por muitos, mas a Igreja vos honra e invoca universalmente como o patrono dos casos desesperados, nas coisas sem remédio. Rogai por mim que estou assim tão desolado! Fazei isso, eu vos imploro, desse particular privilégio que vos foi concedido de trazer imediato auxílio, onde a esperança desapareceu quase por completo. Assisti-me nesta grande necessidade para que possa receber as consolações e o auxílio do céu em todas as minhas precisões, atribulações e sofrimentos, alcançando a graça que vos peço (faça aqui o pedido). Eu vos prometo, ó bendito São Judas, lembrar-me sempre deste grande favor e nunca deixar de vos louvar e honrar como meu especial patrono e fazer tudo o que estiver ao meu alcance para espalhar a vossa devoção por toda parte."

Repetir três vezes: "São Judas, rogai por nós e por todos os que vos honram e invocam o vosso auxílio". Em seguida, reze um Pai-nosso, três Ave-Marias e três Glórias-ao-Pai.

2 Para alcançar uma graça urgente

"Ó São Judas Tadeu, benigníssimo apóstolo, mártir de Jesus Cristo, peço-vos que vos lembreis da dulcíssima alegria experimentada por vosso coração, quando Cristo, vosso amadíssimo Mestre, vos ensinou e aos vossos companheiros do apostolado a santa oração 'Pai-nosso'. Por estas bênçãos, rogo-vos que me alcanceis a graça de (faça aqui seu pedido), com grande constância, aderir ao Divino Mestre, em todo tempo, até o fim de minha vida. Amém."

3 Para os momentos de aflição

"Senhor Deus, concedei aos vossos fiéis servidores firmeza inquebrantável na fé, a fim de que, honrando a memória de vosso apóstolo São Judas Tadeu, obtenham, por sua intercessão, a graça de alcançarem o Reino dos Céus. Para todos os que o invocam, seja São Judas poderoso advogado, que os socorra eficazmente em todas as suas dificuldades, aflições e tribulações. Nós o pedimos, pelo sangue de Nosso Senhor Jesus Cristo. Amém."

Repetir três vezes: "São Judas, que jamais deixastes de socorrer os que vos invocam com fé, rogai por nós". Em seguida, reze um Pai-nosso e um Glória-ao-Pai.

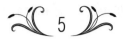

Ladainha de São Judas Tadeu

Senhor, tende piedade de nós.
Jesus Cristo, tende piedade de nós.
Senhor, tende piedade de nós.

Jesus Cristo, ouvi-nos.
Jesus Cristo, atendei-nos.

Pai celeste, que sois Deus, tende piedade de nós.
Deus Filho, redentor do mundo, tende piedade de nós.
Deus Espírito Santo, tende piedade de nós.
Santíssima Trindade, que sois um só Deus, tende piedade de nós.

Santa Maria, rainha dos mártires, rogai por nós.

São Judas Tadeu, o apóstolo de Jesus, rogai por nós.

São Judas Tadeu, consolo dos aflitos, rogai por nós.

São Judas Tadeu, santo invocado nos casos de desespero, rogai por nós.

São Judas Tadeu, santo das causas impossíveis, rogai por nós.

São Judas Tadeu, padroeiro dos funcionários públicos, rogai por nós.

São Judas Tadeu, amigo dos devotos, rogai por nós.

São Judas Tadeu, glorioso apóstolo, rogai por nós.

São Judas Tadeu, poderoso intercessor junto de Deus, rogai por nós.

Cordeiro de Deus, que tirais o pecado do mundo, perdoai-nos, Senhor.

Cordeiro de Deus, que tirais o pecado do mundo, atendei-nos, Senhor.

Cordeiro de Deus, que tirais o pecado do mundo, tende piedade de nós, Senhor.

Jesus Cristo, ouvi-nos.
Jesus Cristo, atendei-nos.

Rogai por nós, São Judas Tadeu.
Para que sejamos dignos das promessas de Cristo.

CULTURAL

CATEQUÉTICO PASTORAL

TEOLÓGICO ESPIRITUAL

REVISTAS

PRODUTOS SAZONAIS

VOZES NOBILIS

VOZES DE BOLSO

CADASTRE-SE
www.vozes.com.br

EDITORA VOZES LTDA.
Rua Frei Luís, 100 – Centro – Cep 25689-900 – Petrópolis, RJ
Tel.: (24) 2233-9000 – Fax: (24) 2231-4676 – E-mail: vendas@vozes.com.br

UNIDADES NO BRASIL: Belo Horizonte, MG – Brasília, DF – Campinas, SP – Cuiabá, MT
Curitiba, PR – Fortaleza, CE – Goiânia, GO – Juiz de Fora, MG
Manaus, AM – Petrópolis, RJ – Porto Alegre, RS – Recife, PE – Rio de Janeiro, RJ
Salvador, BA – São Paulo, SP